Manuel de Calligraphie.

MÉTHODE COMPLÈTE DE CARSTAIRS

DITE AMÉRICAINE.

OU L'ART D'ÉCRIRE

En peu de Leçons par des moyens prompts et faciles,

Traduit de l'anglais sur la dernière Édition, et revu

par M. TRÉMERY, Professeur.

ATLAS.

Paris.

A la Librairie Encyclopédique de ROBET, rue Hautefeuille, au coin de celle de Moliere.

Manuel de Calligraphie

MÉTHODE COMPLÈTE DE CARSTAIRS

dite Américaine

DE L'ART D'ÉCRIRE

En peu de temps par des moyens simples et faciles

Traduit de l'Anglais sur la 3e Édition et revu

par Mr TREMERY, Professeur

ATLAS.

Paris

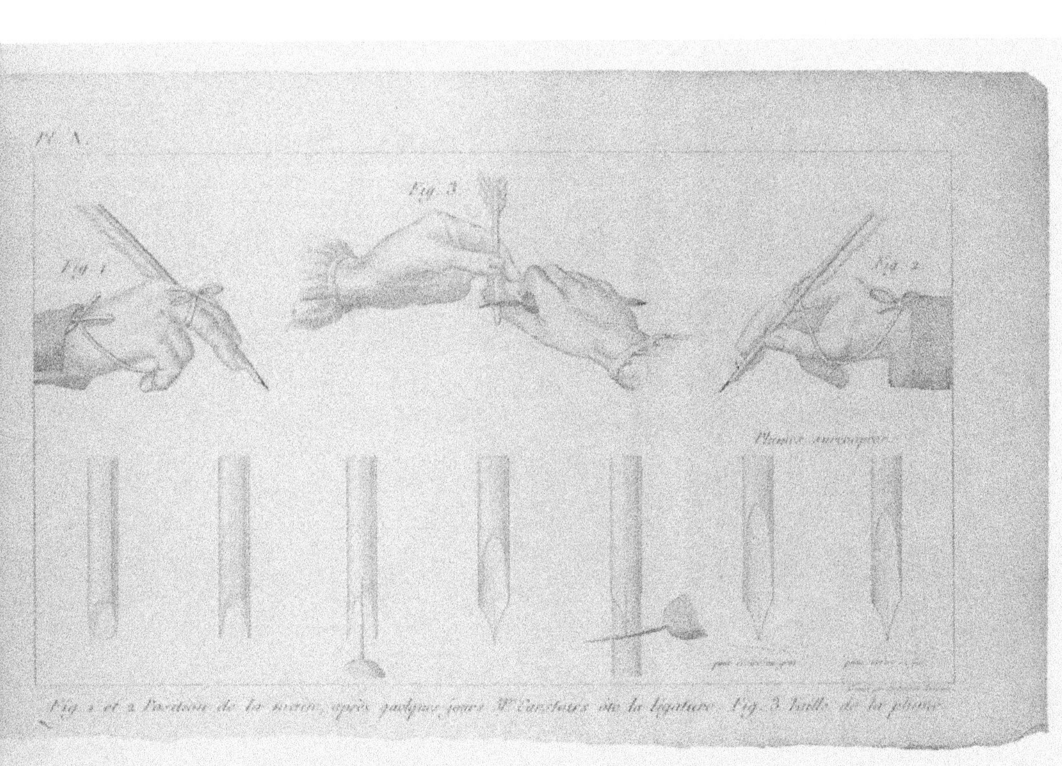

Fig. 1 et 2 l'ardeur de la suture, après quelques jours M. Cavelaire de la ligature. Fig. 3 taille de la plume.

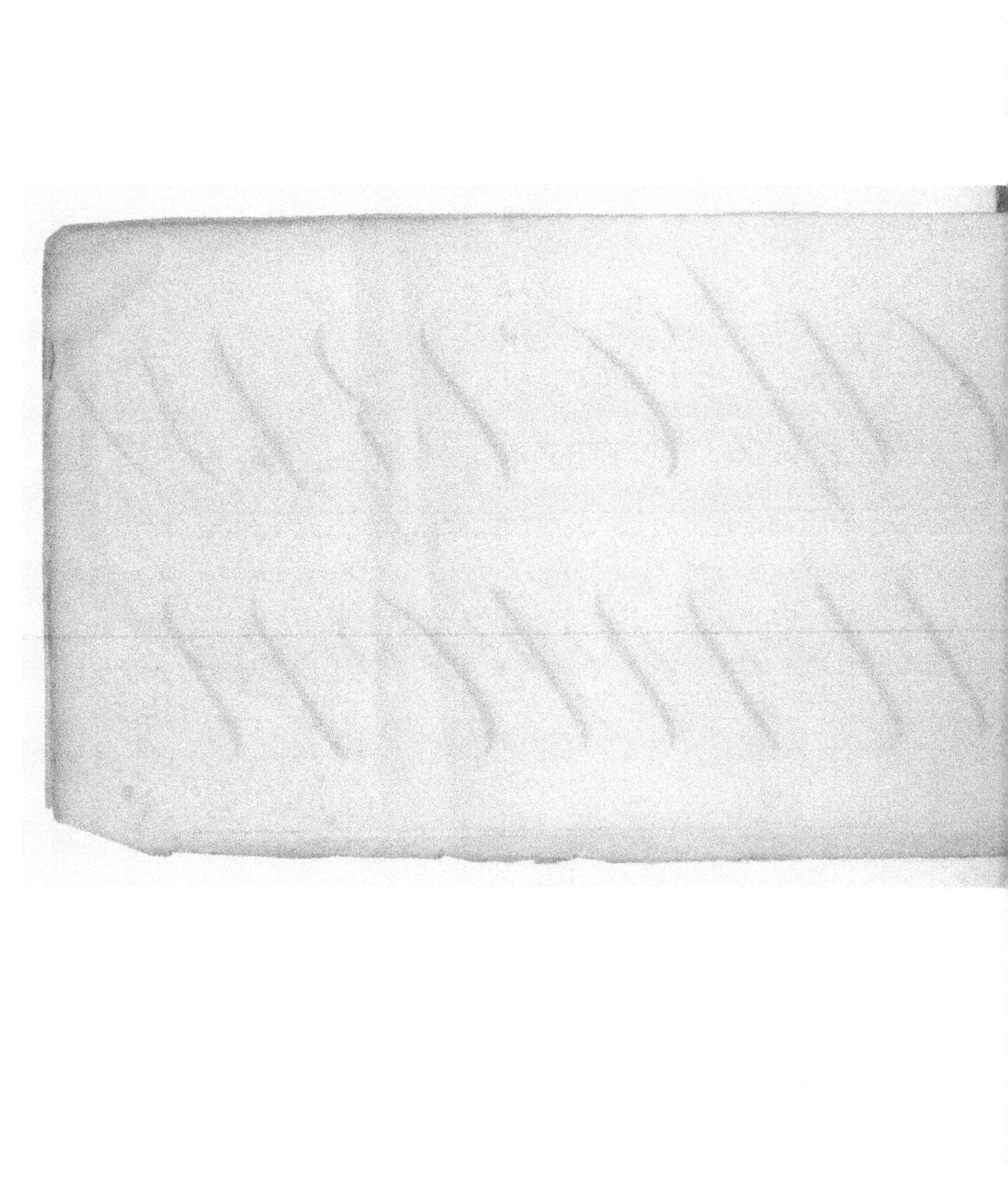

d f ch i r s st ∫ h h

contemplation

Pl. 4.

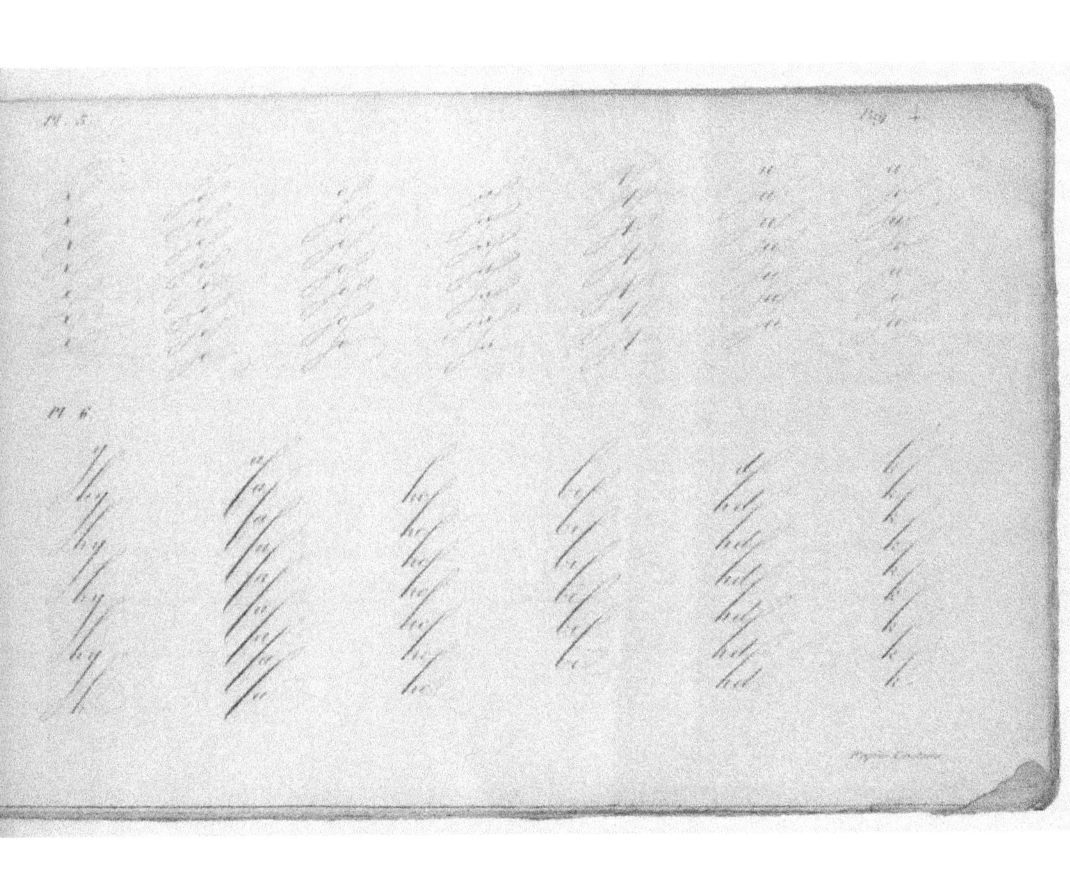

iman menter manne moment n

iman menter manne moment n

iman menter manne moment n

iman menter manne moment n

iman menter manne moment n

Pl. 8.

commande recommande immémorial amendement

commande recommande immémorial amendement

commande recommande immémorial amendement

commande recommande immémorial amendement

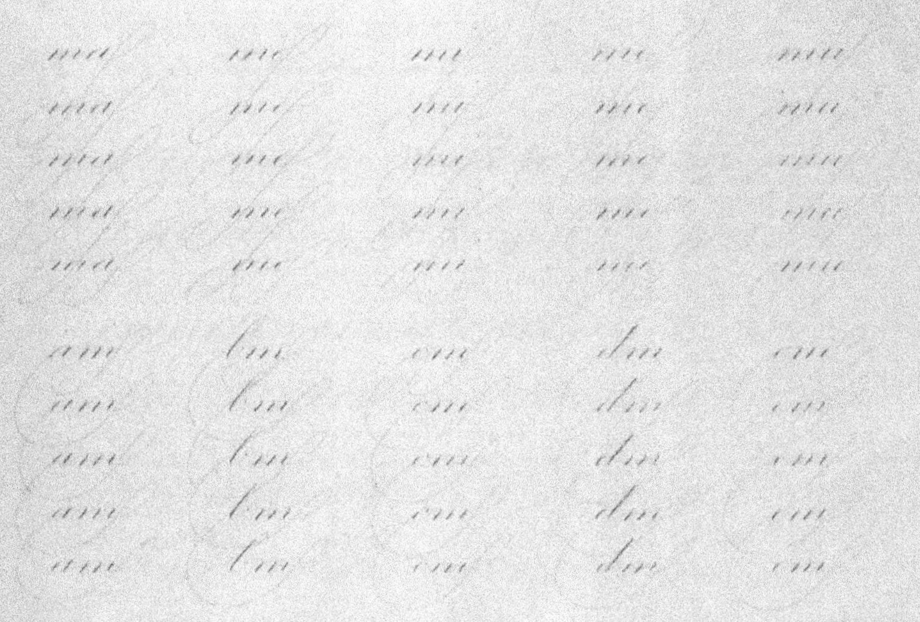

Les modèles ci-dessous doivent être exécutés par le mouvement de la main que l'on fait glisser sur la surface des ongles du 3.e et du 4.e doigt.

amende amende amende

amante amante amante

comité comité comité comité

amélioration amélioration

commande commande contre

démembrer démembrer nous

recommande, recommande, recommande, recommande

commercial, immémorial, immémorial, refinement

commentaire, commentaire, commenter, commentez en

commencement, commencement, commencement, con-

commune, communauté, sentiment, fermentation

La conscience et le jugement ne marche nt pas toujours ensemble

momentané   *mandement*

grammairien   lentement

grammairien   lentement

grammairien   lentement

grammairien   lentement

L'homme sans religion peut être comparé à un voyageur qui
dans un désert dont les sentiers ne sont pas indiqués, ne comprend
et n'a pas de guide pour diriger ses pas. Quelque ... soit
pour l'homme vertueux, elle lui sert de refuge contre les persécutions
des méchants. Que ceux qui la combattent apprennent à la connaître.

———————

Les amateurs estiment et recommandent
beaucoup une écriture libre et hardie, pour
l'obtenir il faut écrire au courant de la
plume, c'est à dire éviter de la contraindre

B B B B B I I I I I E E E E E e e e e e e e
B B B B B I I I I I E E E E E e e e e e e e
B B B B B I I I I I E E E E E e e e e e e e
B B B B B I I I I I E E E E E e e e e e e e

ment	homme	même	rené
ment	homme	même	rené
ment	homme	même	rené
ment	homme	même	rené

Pl. 14.

commandement   commandement
commandement   commandement   commandement   commandement

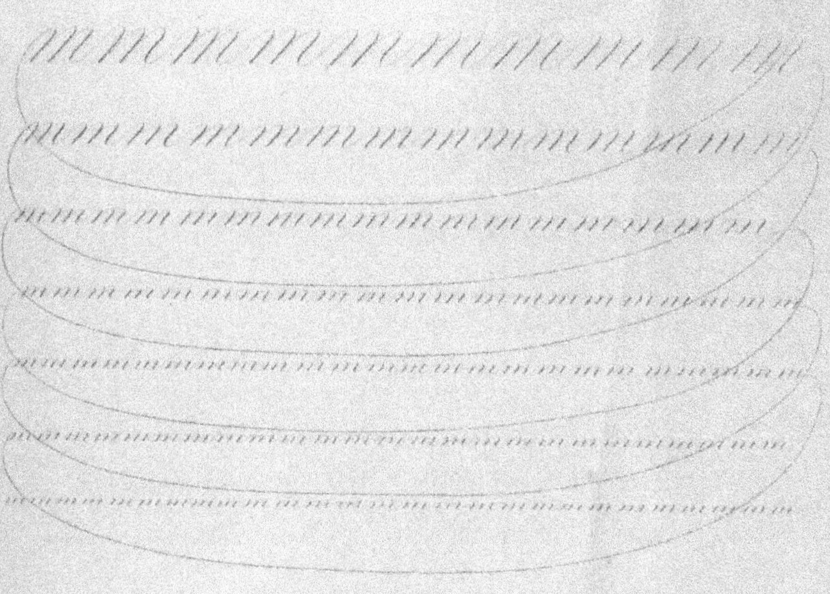

Government

Government

Government

Government

Government

Government

ment   ame   avoir   avent   1

ment   ame   avoir   avent   2
                                 3

ment   ame   avoir   avent   4
                                 5

ment   ame   avoir   avent   6

ment   ame   avoir   avent   7
                                 8

ment   ame   avoir   avent   9

ment   ame   avoir   avent   10

amende mentamende mentamende mentamende

amende mentamende mentamende mentamende

immortel   immortel

eau   eau   eau

comment comment comment

abcdefghijklmnopqrstuvwxyz

A B C D E F G H I K L

M N O P Q R S T U V

W X Y Z

vendre   recevoir   amour   sentiment
vendre   recevoir   [illegible]   mouvement
vendre   recevoir   en encre   [illegible]
vendre   recevoir   [illegible]   tremblement
vendre   recevoir   [illegible]   enthousiasme
vendre   recevoir   couleur   promptement
vendre   recevoir   une autre
vendre   recevoir

Les personnes qui ont appris à écrire d'après ce système ont fait des progrès si rapides que lorsqu'elles écrivaient à leurs parents ou à leurs amis après avoir reçu quelques leçons, ceux-ci restaient tous étonnés de voir que l'écriture n'était plus la même et pensaient que les lettres avaient été faites par une main étrangère.

Considérez l'homme le Vertueux

Rappelez vous toujours votre création ?

Les bonnes mœurs donnent la bonne éducation

Le jeu ruine des milliers de personnes

Contentement passe richesse

vous avez pour but de perfectionner votre couture réunissant
la légèreté de la main à l'élégance et à la pureté des formes.

—————————

Reçu de Monsieur Forgeot de Lyon la somme de quatre
mille cinq cent quatre vingt dix huit francs soixante dix huit
centimes montant de trente deux Balles de mousseline
que je lui ai vendues le quatorze juillet dernier 1818.

Soumis avec respect à sa volonté sainte, je crains Dieu, cher
Abbé et n'ai point d'autre crainte. Cependant je voudrais que
... zèle officieux que ... tous mes périls vous fait encourir les
... que je vois que l'injustice ou ... vous veut. Que vous
... le ... Israélite. Le Ciel en soit béni. Mais
... cette ... vous ... vous ... contente, vous ? ...
... qui ... point ... une ... ... A. C. P.

Au bonheur des méchants qu'un autre porte envie

Craignez d'un vain plaisir les trompeuses amorces

Justes ne craignez point le vain pouvoir des hommes

Quelque élevés qu'ils seront ils sont ce que nous sommes

Faut-il pour les punir les chercher, elle fuit [...]

Et le méchant en son cœur ne trouve pas de place [...]

Le bonheur des méchants comme un torrent s'écoule [...]

Autant que [...] écrits la langue [...]

dans nos plus grands [...] vous serez toujours aimé [...]

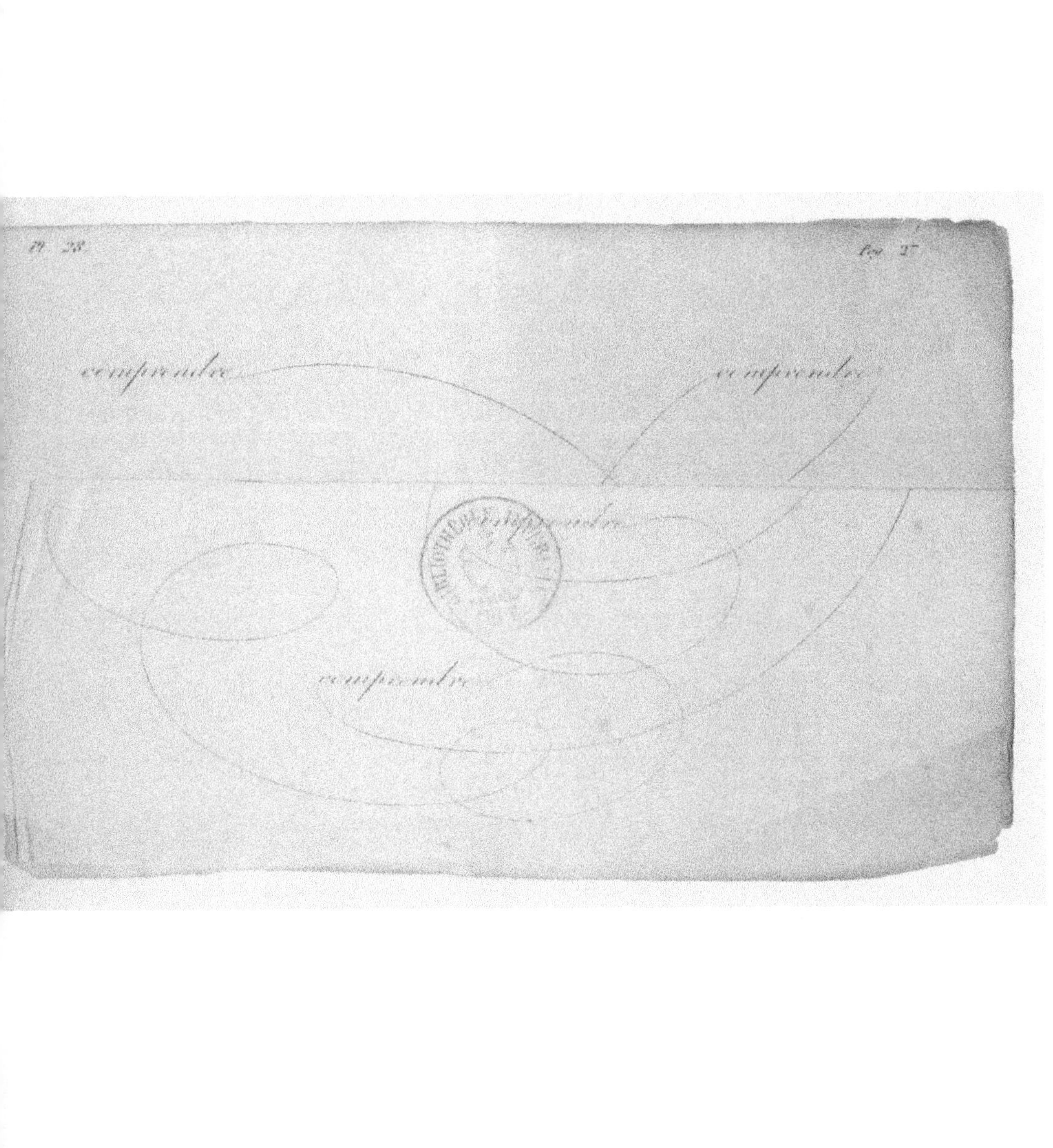
comprendre
comprendre
comprendre
comprendre

comprendre

comprendre

comprendre

comprendre

comprendre

comprendre

comprendre

comprendre

comprendre

COLLECTION DE MANUELS.

Beaucoup d'autres se trouvent à la même adresse.

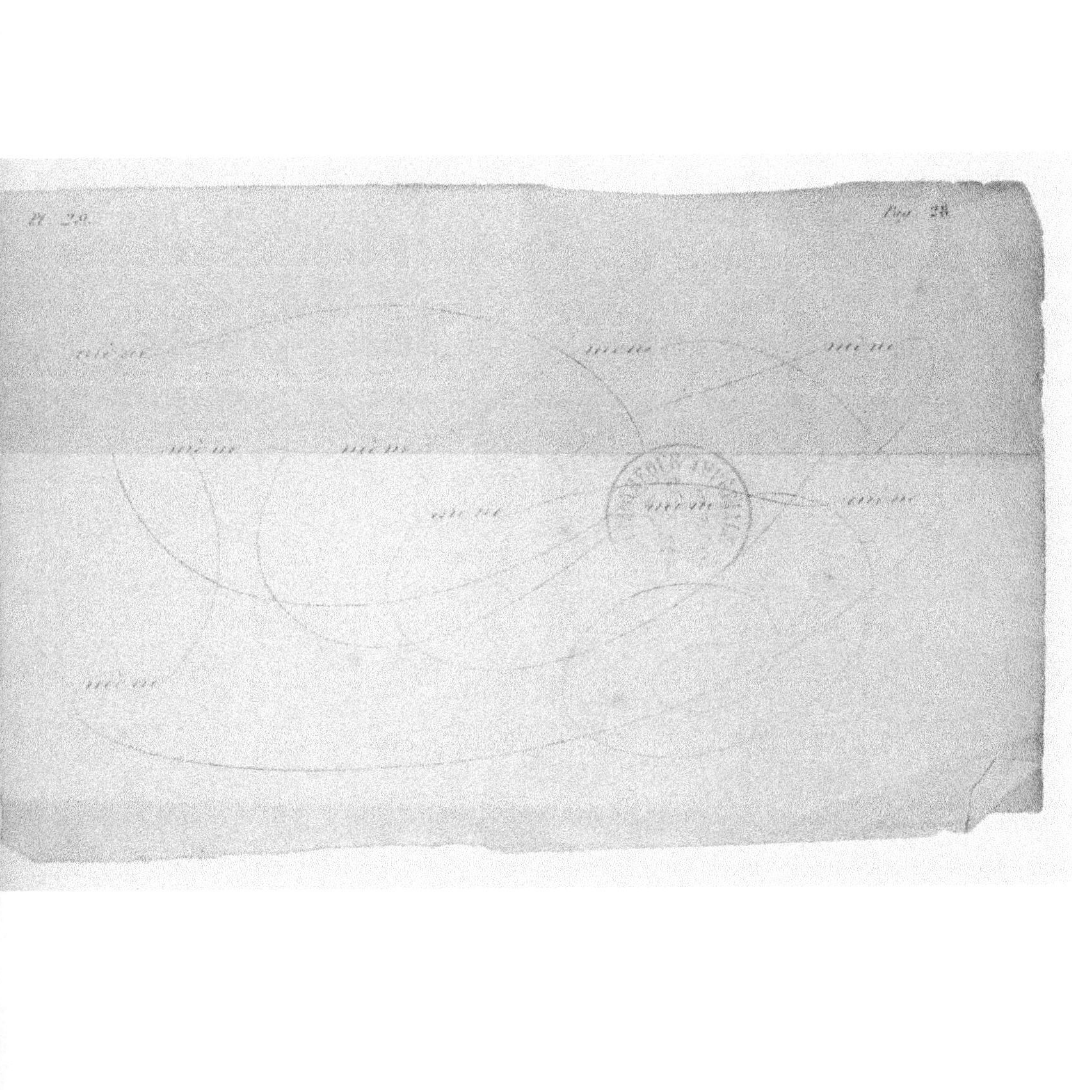

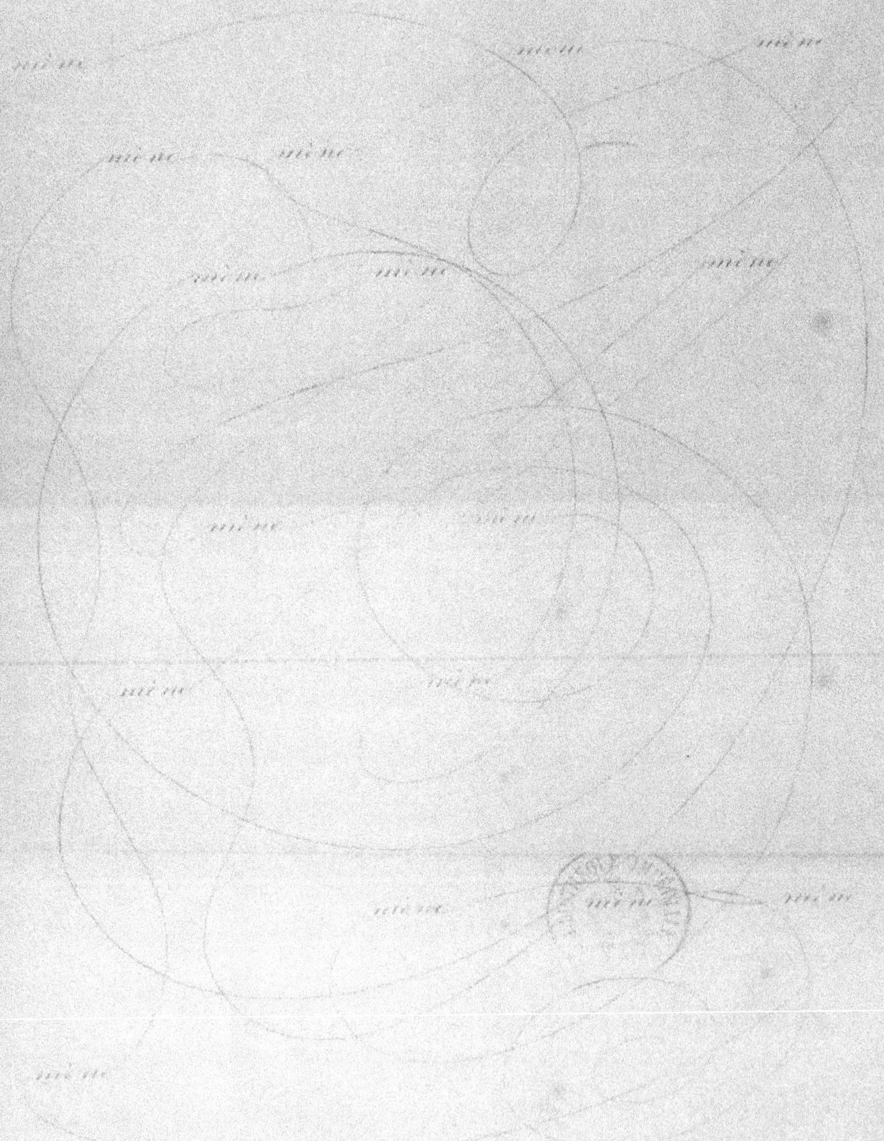